DIÁRIO DE SI

Emanuella Coelho Soares

1ª edição, São Paulo, 2024

DIÁRIO DE SI

Poemas, escritos e desenhos de um fichário sentimental

LARANJA ● ORIGINAL

Por muito tempo achei que a ausência é falta.
E lastimava, ignorante, a falta.
Hoje não a lastimo.
Não há falta na ausência.
A ausência é um estar em mim.
E sinto-a, branca, tão pegada,
aconchegada nos meus braços,
que rio e danço e invento exclamações alegres,
porque a ausência, essa ausência assimilada,
ninguém a rouba mais de mim.

"Ausência", de Carlos Drummond de Andrade

uma carta

Caro(a) leitor(a),

O *Diário de si* é uma publicação que surgiu da vontade de partilhar com você esses escritos cotidianos, incentivar sua escrita criativa, sua escrita de si e retomar os velhos e queridos diários.

Quando penso em pausas, logo me vem a ideia do cultivo de práticas diárias que façam sentido para nossas vidas, que nos tragam mais paz, satisfação, acolhimento, que renovem nossa energia e nossa fé nos caminhos que escolhemos percorrer.

A delicadeza e a simplicidade das coisas do cotidiano me encantam, me conectam com a terra e com os céus, com o sagrado e o profano, pois somos parte do todo e o todo habita em nós. Neste momento de tantas transformações e desafios, volto para mim, para o autocuidado, para novas práticas que abram espaços de vitalidade.

Pelo desenho, pela dança, pelos escritos poéticos e trabalhos manuais, me refaço. Minha inspiração vem da natureza, dos rituais diários que vão desde o preparo das refeições, até os banhos de ervas que me revigoram, vem da valorização do feminino e do resgate dos sonhos, aqueles que guardamos em caixinhas e que necessitam do nosso olhar gentil para serem reavivados.

Me sinto uma formiguinha preparando a minha morada!

Acredito que, quando dispomos de um tempo só para nós, algo transformador pode acontecer. No silêncio, na quietude muitas sensações e memórias vêm à tona. Por meio dos nossos diários, podemos cultivar um espaço de intimidade e aconchego, um lugar criativo e sensível para habitarmos.

Quais práticas de autocuidado você tem cultivado? O que tem inspirado você?

Fique à vontade para usar este espaço como desejar. Revisite seus escritos, escolha ambientes e horários em que você possa fazer essa imersão.

Um abraço,

Emanuella

caderno um

POR UMA VOZ QUE VENHA DAS ENTRANHAS

GRÁVIDA DE MIM MESMA

No centro do corpo, vibra um pequeno ponto de luz,
um grãozinho que cresce aos poucos,
sem revelar nem intenções e contornos.

Fecho os olhos e me aninho,
acolhendo o mistério de gerar o desconhecido.

Minhas entranhas se contorcem:
a carne, o sangue e a água me consomem!

Meus braços acolhem o toque gentil do vento
que pousa na pele macia.
Por um instante, caibo dentro de mim.
Me diluo na velocidade do tempo,
evaporo nesse lapso de momento.

Meu estômago reclama,
já não digere antigas certezas.

O sangue corre pelas veias
como um rio profundo e largo
que pede mais espaço.
Transborda o que não tem nome,
desmancha contornos para algo novo emergir.
Em cada mergulho, um resgate,
uma memória vem à superfície.
Incontrolável fluxo de sensações!

Abro os olhos e respiro fundo,
aguardo com forte emoção
o momento dessa misteriosa luz me envolver,
como um raio na noite escura me atravessar por
inteira
e uma nova faceta de mim conceber.

DO QUE SOU CAPAZ

Ao atravessar a fronteira do mundo dos sonhos,
embarco em labirintos repletos de bifurcações.

O chão é feito de terra movediça,
terreno incerto e cheio de surpresas.
Sou guiada pelos meus pés curiosos,
que afundam na terra porosa a todo momento.

Ao descer mais um pouco
algumas portas se revelam,
um filete de luz ilumina o caminho a ser seguido.

Entro em uma rua desbotada pelo tempo,
velha conhecida da época da minha infância,
paisagem que ficou guardada nas fotografias.
Nesse momento, ela ganha cores nítidas
como nos tempos em que por lá eu brincava,

corria e passava as tardes espiando pela janela
o movimento da vizinhança.

Há em frente à minha casa um buraco cheio de terra,
nele havia uma árvore que dava lindas flores.
Choro ao ver o vazio que ficou
e cavo sem parar o buraco sem fim.
Eis que dele surgem seis peras maduras e viçosas!

Atravesso de volta a fronteira do mundo dos sonhos,
despertando na noite de céu estrelado.
Na cama me recordo e reflito:
— Como é bom descobrir tesouros que estavam
escondidos.

UM MOMENTO DE ALÍVIO

Debaixo do sol tudo é peneirado,
em cada estação um tipo de sentença.
Nas tardes de verão escaldante
o julgamento é mais arrastado e penoso.
A miragem no asfalto torna a paisagem trêmula,
as ruas se transformam em estufas,
experimentamos uma verdadeira tortura!

O ar pesado nos arrasta em puro estado de preguiça.
O céu fica carregado de expectativa,
as nuvens se fundem em uma só massa
à espera de um alívio para essa agonia.

A tempestade se anuncia,
os raios rasgam,
a chuva deságua
inundando a cidade cinza.

As águas lavam os prédios,
carregam as árvores,
desmancham as certezas.

Sobre as nossas cabeças um horizonte amplo
e tranquilo se revela.

Uma breve trégua se instaura
trazendo um pouco de calma.
O astro-rei se retira
para suas forças renovar.

Ao despertar de um novo dia
seus olhos de fogo
novas ideias vão nos inspirar.
Sua luz poderosa
que tanto cega
quanto revela
nos visitará.

EFÊMERA

Uma criatura atravessa os cômodos da casa,
rápida como a velocidade da luz.
Deixando um rastro de perfume,
um aroma marcante que nos assalta,
desarma nossas defesas,
tira nosso chão
e nos faz flutuar na sua leveza.

Quem é essa que circula na noite escura?

Efêmera como uma estrela cadente,
sua magia é passageira e bela
como todas as ilusões
que se desfazem no instante em que tentamos
tocar o intocável,
dizer o indizível,
aprisionar o que não foi feito para durar.

Quem é essa que passou na noite escura?

Uma criatura sem rosto e sem nome
que surge junto aos períodos de lua cheia,
convidando a nos despirmos
de pudores mais enraizados
e desfrutarmos do prazer de nos entregarmos
aos desejos mais profundos,
deixando a nossa lua interna brilhar!

DISPUTA

Já não reconheço a figura refletida no espelho.
Há tantas que se revezam dentro de mim.
Cada manhã um novo reflexo escapa,
escolhe suas roupas e seus trejeitos
e sem cerimônia dita o que deve ser feito.

Algumas – personalidades mais ousadas,
outras revelam aspectos adormecidos,
mais sisudas e reflexivas
que afloram em alguma disputa interna,
aguardando apenas uma oportunidade
para correr em direção ao lugar almejado,
vez ou outra saindo vitoriosas.

Nessa dança ininterrupta, vou caminhando
entre sombras que por vezes me devoram

e aspectos que desconheço,

sendo multifacetada,

eu mesma inteira!

CÓSMICO

Ao contemplar as estrelas,
as montanhas e o mar,
sou parte do todo,
um pedaço do cosmo,
feita pela criação divina
ou pela explosão do Big Bang.

Estou integrada ao ambiente,
composta dos mesmos ingredientes.

CRIADORA

Sou raiz em busca de um lugar
para me fincar.
Terra que oferece colo generoso
sem nada cobrar.
Sou dura como a rocha que resiste
às investidas das ondas do mar.
Água que flui
sinuosa e constante
ao encontro dos amantes.
Ventania que varre as situações estagnadas,
surpreendo quem não me espera,
carrego o que não pode mais ficar.

Meus dedos ágeis tecem o tempo,
invento enredos de todas
as histórias.
Minha dança agita as nuvens,

provocando trovoadas
e deliciosas risadas.
Irradio calor
e incendeio a pele
daqueles que se consomem
no momento da paixão.

Sou o respiro em um dia de agito,
ar que passeia pelos espaços do corpo
lubrificando as articulações,
ventilando as emoções.
Passeio pelas gargantas e solto as vozes abafadas
em um suspiro de alívio
ou no grito que esvazia os pulmões carregados.

Sou o momento de pausa,
relaxo os pensamentos aflitos.
Mostro que a vida tem pressa
exijo entrega,
desfaço os planos
convido todos ao abandono.

ESTADO POÉTICO

Escrevo
para lapidar desassossegos.
Em cada linha,
uma palavra desabrocha.

O estado poético
é algo que demora.
Uma presença
que surge em algumas madrugadas.

No fazer,
ele se instaura.
Ao cavar
noite adentro,
os avessos murmuram.
A escuta é tranquilamente depurada.

CHÃO

A base,
o eixo para crescer,
desabar,
retornar,
reconstruir.

Pés fincados no chão para voar!

A vida acontece nos intervalos,
no esquecimento.

RAÍZES

Me agarro em suas raízes fortes e firmes.
Desejo um dia ser como as árvores,
no solo fincar raízes profundas e crescer
até o topo do céu,
derramar pelo chão flores e frutos,
servir de consolo para quem abrigar-se em meu
tronco,
receber abraços que tentem me envolver por
inteira,
esperar tranquilamente os passarinhos virem me
visitar,
nos períodos de inverno me fortificar
e na chegada da primavera desabrochar.

SUTILEZAS

A delicadeza é uma pequena gentileza,
tão falada,
não tão praticada.

A delicadeza é um ato bravo,
arma de mais sofisticada batalha.
Eficaz exercício de resistir ao próprio egoísmo.

Olhar nos olhos dos outros,
ouvir e dar conforto.
Proferir alguma palavra que dê gosto,
levar sabor ao dia dos outros.

caderno dois

POR UMA ESCRITA QUE VENHA DO CORAÇÃO

Me pergunto como lutar
por um mundo que faça mais
sentido. Quando sinto a
potência de um gesto de amor
e cuidado, ali encontro uma
revolução. Delicadeza é ato
de resistência!

O PÔR DO SOL DE HOJE estava maravilhoso, o céu foi tingido de tons avermelhados e alaranjados, ficou ainda mais bonito! Quando eu era criança e via o céu como o de hoje, dizia que Deus era menina, as pessoas é que não queriam admitir.

Como uma cúmplice que guarda um segredo, corria para o quintal de casa, olhava para cima e piscava, meu coração batia forte, ficava toda emocionada.

Nesse final de tarde, fomos presenteados com um espetacular pôr do sol. Vi várias pessoas contemplando o fenômeno, fotografando e postando nas redes sociais. Fiquei feliz ao ver que elas estavam exaltando a beleza das coisas simples do cotidiano.

O céu está acima de nós, basta olhar, deixar-se encantar. Somos constantemente convidados a resgatar o simples e o essencial, a cultivar o amor e o cuidado, a rever nossa relação conosco, com o outro e com a natureza.

Há anos penso no cultivo de hábitos que possam potencializar nossas vidas, na valorização da natureza, no cuidado de si como forma de autoconhecimento, nos momentos de pausa e recolhimento, nas pequenas delicadezas e gentilezas, que são verdadeiros atos revolucionários.

Acredito que essas questões necessitam de atenção e reflexão, que não são secundárias, pois elas mudam nossa percepção, nossa relação com nós mesmos e com o entorno.

SOCIALMENTE ENFRENTAMOS diversos problemas como: desigualdade social, guerras, egoísmo, extrema produtividade, imediatismo, capitalismo selvagem, entre outros tantos. Precisamos rever nossas escolhas enquanto sociedade, as ações que valorizamos, os comportamentos que exaltamos, as formas de cooperação que utilizamos, pois sentimos diariamente o fardo do que construímos.

Todas as nossas ações são políticas, as escolhas individuais reverberam no coletivo. Cobramos mudança, mas me pergunto: "Será que somos a mudança que queremos ver no mundo?".

Ao admirar o céu esta tarde, fui surpreendida por uma voz misteriosa, que soprou no meu coração: “O céu é para todos. Sua beleza transitória nos mostra que tudo é efêmero!”.

Esse acontecimento me fez refletir sobre o quanto somos resistentes. Tememos a incerteza, o desconhecido, a diversidade e sua pluralidade, que constantemente nos lembra que é necessário e urgente nos abrirmos ao diferente.

Temos dificuldade em nos desvencilharmos, em nos desapegarmos de estruturas caducas, cujos padrões nos mantêm presos no mesmo lugar. O novo pede passagem. Precisamos buscar estratégias para seguirmos com mais vitalidade e dignidade.

Mudar exige disponibilidade e determinação. Não é simples, tampouco confortável; o processo é contínuo. Entre erros e acertos vamos fazendo os ajustes necessários.

Desejo que possamos aprender pela via do amor, que nos cuidemos mais. Ao desacelerarmos, a criança sonhadora que existe em nós ressurgirá. Ela fica maravilhada com as cores do céu, não teme a noite mais escura, pois sabe que sempre há uma luz para nos guiar.

QUANDO GESTAMOS SONHOS, ideias ou projetos, vivenciamos ciclos internos de morte e renascimento. São períodos que mesclam quietude, cheia e estiagem. Acredito que esses espaços de vazio são fonte de criatividade e transformação, para que algo novo possa brotar.

Há meses sonhei com um jardim imenso e belíssimo! Era outono, as folhas amareladas e alaranjadas pelo gramado, um friozinho aconchegante, um sossego no ar.

Uma família fazia um piquenique e uma das mulheres presentes, jovem e linda, como a primavera, me entregou sua filha recém-nascida.

Fiquei sentada em um banco com a bebê em uma das minhas pernas e a cabeça da moça repousada em outra. Ela suspirou fundo e morreu tranquilamente, como uma vela que vai se acabando devagarinho.

Achei uma tristeza aquela moça tão radiante morrer, ficou a criança e as cores de outono explodindo no ar, mostrando que toda fase tem sua beleza e seus ensinamentos.

Ciclos que nascem e morrem dentro de nós.

OS SONHOS SÃO GUIAS interiores muito poderosos. Com o que você tem sonhado?

Nos últimos meses tive sonhos perturbadores. As imagens não saíam da minha memória, senti que elas queriam me comunicar algo significativo.

Uma tarde, resolvi escrevê-los no meu diário, registrando seus símbolos mais recorrentes, suas narrativas, minhas sensações e os insights que surgiram ao analisá-los.

Muitos temas foram se desdobrando, pude olhar para as mesmas questões por ângulos diferentes e tocar nos pontos que senti necessidade de observar. Como um céu nublado que aos poucos vai ficando mais limpo, tive minha visão ampliada, um véu foi tirado dos meus olhos.

Costumo deixar passar algum tempo para revisitar os escritos, depois leio novamente e busco as relações que eles estabelecem entre si. Vou investigando, comparando sonhos antigos e recentes, verificando o que mudou, o que se repete, alguma mensagem que ficou mais clara ou aquilo que ainda continua oculto.

Minha finalidade não é desvendar tudo, pois não acredito que seja possível. Além disso, respeito os mistérios do inconsciente, procuro aceitar que nada sei em absoluto.

Sigo dando atenção à minha intuição. Ao atravessar de volta a fronteira do mundo dos sonhos, ela é a força mais genuína que me guia, que está em sintonia com meu coração.

COMO UM CÉU CARREGADO, tem dias que só precisamos desanuviar um pouco. Uma pausa é sempre bem-vinda!

Uma tempestade de verão a pegou desprevenida. No centro da cidade, as ruas se esvaziavam rapidamente, pessoas se espremiam debaixo dos toldos dos prédios, ambulantes recolhiam seus produtos do chão, armava-se a maior confusão.

Ela entrou em uma pequena cafeteria, analisou os doces refinados da vitrine, já cheia de dúvidas, havia muitas opções tentadoras. Seu ponto fraco sempre foi escolher. Quando sentiu o cheiro de uma fornada fresquinha de biscoitos de nata, decidiu por uma porção deles e um chá de hortelã, bem quente.

O ambiente estilo rococó, aconchegante e gracioso, a cativou. Ela conseguiu relaxar um pouco e apreciar a vista. Pela janela ornamentada com anjinhos dourados e pequenas flores rosadas, observou os prédios antigos. Reparou na arquitetura de cada um, admirada com a variedade de estilos; na correria dos dias esses detalhes lhe passavam desapercebidos.

Lá fora, o mundo desabava em chuva. Lá dentro, uma vitrola tocava uma música melancólica, uma balada chorosa. A voz de uma famosa diva do jazz soava um tanto desgastada, como se aquele disco tivesse sido ouvido muitas e muitas vezes.

Ela fechou os olhos, esticou as pernas e ficou cantando baixinho. Sentiu os ombros relaxarem, uma moleza tomou conta do seu corpo. Naquele instante, o som a embalava e ela entrava em um estado de quase sono, um espaço-tempo, onde a fronteira entre o sonho e realidade se borram, uma linha tênue entre o repouso e o despertar a atravessou.

A cantora veio ao seu encontro, deram as mãos e foram passear um pouco. Voltaram no tempo, sobrevoaram a cidade de antigamente. Das nuvens viam os prédios recém-construídos, o bonde passando, as pessoas indo e vindo.

Ela aproveitava com entusiasmo, o breve privilégio que lhe era concedido; subia cada vez mais alto para contemplar a vista panorâmica. Voar era uma experiência fascinante!

A cantora se despediu, foi subindo até virar um pontinho vermelho e fundiu-se com a luz. Ela despertou com o barulho de algumas crianças brincando lá fora. Pulavam nas poças d'água, davam gritinhos eufóricos, não temiam a tempestade.

Ao sair da cafeteria ela se deparou com um busto de mármore, em frente a um antigo palacete, encarando-a. Seu olhar era severo demais, foi tomada por uma agonia e correu para junto das crianças.

NOS PERÍODOS DE LUA cheia tudo transborda! Que essa energia abundante seja sempre celebrada.

Nos períodos de lua cheia, a rotina fica mais prazerosa, tenho vontade de passear, de ver gente, de festejar. Me sinto contente sem motivo, fico suspirando pelos cantos, sonhando acordada como uma adolescente apaixonada.

Em outras noites de luar, vivo momentos de pura magia. Ela me captura, como uma doce sereia. Seu magnetismo é ao mesmo tempo sutil e envolvente. Saio caminhando pelas ruas como se quisesse encontrá-la, ou sento na varanda e fico contemplando-a por horas.

Seu feitiço abre portais encantados. Tenho visões do mundo antigo, de espíritos da natureza, de seres de outras dimensões. Fantasia e realidade se misturam, passado e presente me atravessam em segundos.

Fico hipnotizada por ela, algo misterioso acontece que nos conecta profundamente. Seu chamado toca meu âmago, minha alma reconhece esse sacerdócio. Ela me convoca a viver uma vida mais autêntica, a seguir minha intuição.

Nessas noites, desfruto de momentos só meus. Acendo velas aromáticas, encho a casa de flores, desenho, danço, tomo um vinho gostoso e preparo banhos especiais para me mimar um pouco. Por vezes me surpreendo com um perfume que passa rapidamente pelo ar e me transporta para outro lugar.

PARA UM NOVO REFLEXO surgir, precisamos nos despir de muitas camadas. Em algumas fases, o mergulho é indispensável.

Há alguns anos, assisti a um filme um tanto despretensioso, porém repleto de sensibilidade. Me identifiquei com algumas passagens, principalmente com as mudanças que a personagem principal estava vivenciando.

A jovem, ao ficar viúva trancou-se dentro de si. Ela parecia congelada, como se o processo de luto não tivesse sido atravessado por completo. Por anos ela seguiu um tanto petrificada, estagnada em algumas áreas da vida, porém muito produtiva no campo profissional.

As sutilezas do filme, me fizeram refletir sobre a maneira como alguns processos ocorrem dentro de nós. Como os movimentos das marés, eles possuem seus próprios ritmos, variações, durações e nuances.

Mesmo se quisermos apressá-los, não teremos êxito. Para que algum tipo de transformação ocorra em nós, precisamos vivenciar algumas fases por completo. As mudanças não acontecem de maneira linear; por vezes avançamos, outras recuamos, como as ondas do mar.

Como lavadeiras, seguimos trabalhando. Entoamos cantos e preces, nos banhamos e nos limpamos, até que a fase de limbo passe. O lodo vai se transformando em águas cristalinas. Sentimos as velhas camadas se diluindo e nos deparamos com um novo reflexo de nós mesmos.

O semblante apático e triste da personagem foi se dissipando ao longo do filme. Após enfrentar um período rigoroso de inverno interior, suas águas voltaram a fluir, retomando seu curso natural.

A geleira da alma, ao receber o calor do sol, depois de muito tempo sem vê-lo, foi derretendo lentamente. Um processo de purificação e alquimia interna ocorreu. A matéria se transformou, passou da forma sólida para o estado líquido e derramou-se.

As águas da geleira voltaram a fluir com agilidade. A massa volumosa foi formando um rio profundo e largo, exigindo cada vez mais espaço. Seu impulso de fundir-se com outros mares e ampliar o horizonte foi concretizado.

Em uma cena memorável, a personagem principal dança sozinha em uma casa noturna. Sua amiga, ficou de longe, observando-a com um olhar emocionado e aliviado. Estava presenciando um novo despertar!

Debaixo da superfície aparentemente tranquila,

um lago profundo foi agitado. Assistimos ao momento em que, ao dançar para si mesma, ela transbordou. Seu gingado gracioso inundou a pista de dança.

Em meio ao suor, risos e lágrimas, ela se entregou ao impulso de mover-se livremente, deixando o balanço guiá-la. Sua dança circular e sinuosa contagiou a todos. Ela parecia tão aconchegada em si mesma, como se tivesse finalmente retornado para sua morada.

EM MEIO AO CAOS, cores e formas se revelam; uma misteriosa dança conduz todos os elementos. Dentro de uma partícula microscópica, a origem do Universo.

Há alguns meses, sonhei com uma chuva de meteoros iluminando o horizonte. Após esse acontecimento, a atmosfera foi invadida por diversos asteroides que ao explodirem no céu revelaram dezenas de constelações. Acima de nós, imensos buracos negros se aproximavam, diversos planetas se moviam pelo espaço em alta velocidade.

Não ousei perder nenhum movimento, mesmo meus olhos não conseguindo acompanhar todos os acontecimentos. Aquele espetáculo me deixou estupefata!

O Universo em plena expansão: magnífico, imponente e infinito. Havia um misto de ordem e desordem; uma dança misteriosa conduzia tudo, alinhava todos os elementos.

Fiquei admirada e assombrada ao ver tudo aquilo, me senti a mais insignificante das criaturas. Ao mesmo tempo, experimentei uma forte sensação de pertencimento, como se tudo estivesse interligado e eu fosse uma miniatura do universo.

Acordei assustada, olhei para o teto, apalpei os travesseiros, tirei as cobertas, verifiquei que tudo estava no lugar. Abri a janela e vi uma única estrela no céu, um pontinho de luz cintilante na noite escura.

Ao observá-la tive a certeza que estávamos conectadas, que éramos compostas pelos mesmos elementos. Em cada uma de nós, o universal (macrocosmo) e o particular (microcosmo) coexistindo. Deitei novamente e voltei a sonhar!

DENTRO DE NÓS EXISTE uma força que nos impulsiona e nos transforma. Sua potência criadora nos faz continuar.

Por vezes não sei como resolver algumas questões que me atormentam, ando aflita de um lado para o outro, paro e reflito, não chego a nenhuma conclusão. Quanto mais eu luto, mais me frustro. Fico agitada, caio no choro. No momento em que sinto minha cabeça virar uma panela de pressão, tento respirar um pouco.

As cores vão sumindo, o sabor de tudo fica igual, o corpo retraído, um cansaço extremo me invade. Deito um pouco, levanto, olho ao redor e vejo as mesmas questões me encarando.

Elas se acumulam como uma montanha de roupas empilhadas numa cadeira. Sabemos que uma hora teremos que enfrentar a tarefa de organizar tudo, só não sabemos como.

Nesses momentos, o autojulgamento é meu pior inimigo, um juiz ranzinza que não para de me acusar. Puxo correntes invisíveis, me arrasto para todos os compromissos. Fico à espera de um alívio.

Começo a aceitar que por ora não posso resolver nada e tento lidar com isso. Me recolho no meu casulo, cuido das feridas abertas, em alguns momentos me desespero, em outros, caio na risada, minhas emoções em ponto de ebulição. Quem consegue segurar um vulcão em erupção?

Os dias cinzas vão ganhando cores mais suaves. Volto a perceber a beleza das coisas simples, como a luz do sol que entra todas as manhãs pela janela do quarto, as borboletas coloridas que visitam meu pequeno jardim, a delícia de andar descalça na terra.

A virtude da paciência ainda não foi aprendida, sigo tentando, estou em estado de vigília. Ela é uma presença serena que vem me visitar. Uma senhora comedida, de semblante suave e olhar afetuoso. Seus cabelos brancos e longos parecem um manto real.

Ela fica sentada em um canto, tecendo uma colcha enorme, com vários retalhos coloridos. Desfaz os nós das linhas, costura vagarosamente cada pedacinho. O tempo, seu maior aliado, desliza tranquilamente entre seus dedos.

Aos poucos vou tirando as roupas da cadeira, arrumando as gavetas, limpando os cantinhos empoeirados, fazendo uma verdadeira faxina. Coloco uma música alta, saio dançando pela casa, rebolando, soltando os braços, movendo o ar, mudando tudo de lugar.

Os dias ficam mais vibrantes e exuberantes, tudo me inspira. Me sinto cheia de viço. A cozinha vira meu laboratório de criação, em cada panela uma alquimia de cheiros e sabores. Invento receitas, tempero com gosto e degusto sabores novos.

Experimento a potência criadora que vive em mim. Ela pede passagem, quer renovar tudo, me ensinar a confiar nos caminhos que se abrem, a deixar as bagagens desnecessárias e a seguir com coragem.

AO ENTRAR EM ALGUNS PARQUES da cidade sinto como se estivesse atravessando um portal mágico. O que vivo dentro desses retiros é especial e único. Meu corpo e o ambiente se fundem, volto a me sentir parte do todo.

Minha paixão é caminhar pelos parques da cidade. Me sinto restaurada quando estou em contato com a natureza. Essas áreas verdes, tão escassas nas grandes metrópoles, devem ser valorizadas e protegidas. São espaços preciosos, pequenos territórios arborizados, que ainda não foram sufocados pelo concreto.

Se os visitarmos periodicamente notamos que eles possuem seus próprios ritmos. Percebemos suas sutilezas, as especificidades de cada ecossistema, as mudanças que ocorrem neles e como se apresentam em cada estação. Adentrando com respeito e atenção, podemos nos sintonizar com sua pulsação.

Me energizo com o contato dos pés na terra, me acalmo ao olhar o lago e ver os cisnes deslizando pelas águas. Acompanho atentamente os movimentos dos urubus espreitando suas presas e adoro vê-los tomando banho de sol.

A diversidade das espécies de árvores é o que mais me chama a atenção. Gosto de ouvir o vento sussurrando em suas folhas, trocando confidências, numa língua toda singular. Quando algum passarinho entra na conversa é um acontecimento! Para acessarmos esse diálogo precisamos estar mais porosos, buscando mais conexão conosco e com o entorno.

Faço orações enquanto caminho. Vou me esvaziando, silenciando os pensamentos; em cada passo minha escuta fica mais aguçada.

Observo como estou respirando, a maneira que o ar flui pelo meu corpo. Durante essa prática, o tempo e a realidade ganham outras dimensões e contornos.

Os limites entre o corpo e o espaço se borram, me sinto parte do todo. Dessa conexão com a natureza tenho a sensação de que tudo o que eu vejo também me olha. Sou sujeito e objeto ao mesmo tempo nessa relação. Meu avesso é exposto, sou revirada por inteiro. Dessa troca surgem novas percepções do entorno e de mim mesma.

Fecho os olhos, agradeço por estar onde estou, por habitar esse lugar que promove tantas curas, que para mim é um verdadeiro retiro espiritual. Quando desperto dessa imersão, noto que várias horas se passaram. Volto para a cidade, retomo minha rotina e levo essa rica experiência para o resto do dia.

DENTRO DO FIM, O COMEÇO. No ápice da escuridão o horizonte é banhado de luz. Na transição da noite para o dia, a beleza se revela.

O jardim da casa é envolvido pelo aroma de dama-da-noite. A combinação desse delicioso cheiro, com o calor intenso, torna irrecusável o convite para apreciar a noite de céu estrelado. Ela se levanta da cama, anda na ponta dos pés e vai ao encontro da madrugada.

Ao abrir a porta que dá para o quintal, ela sente que atravessa uma passagem secreta. Esse refúgio encantado não pode ser divido com ninguém, ele é seu esconderijo, espaço onde o silêncio profundo e a escuridão são celebrados.

Por volta das três da manhã, como dizia sua mãe, os anjos fazem festa no céu. É a hora ideal para fazermos orações e nos conectarmos com Deus. Despertar esse horário é um sinal que não deve ser ignorado, pois o divino nos convoca, quer conversar intimamente conosco.

Ela é tomada por um fluxo de ideias, sensações e descobertas. Ao se render à calmaria da noite, seu nível de concentração eleva-se, a criatividade é aflorada. Ela consegue finalmente se aprofundar nos insights que surgem, lapidando essas informações preciosas com tranquilidade.

Cerca de aproximadamente duas horas após a reunião celestial, há um momento da madrugada em que acontece seu mistério favorito, quando a escuridão atinge seu ápice e as trevas se rompem em luz. Ela vê o milagre do amanhecer surgir diante dos seus olhos.

Procura por um ponto brilhante no céu.

O planeta Vênus, apelidado por antigas civilizações como estrela d´alva, a brilhante estrela da manhã, anuncia a alvorada do dia. Ele se despede pouco antes do sol surgir no horizonte, retornando após o pôr do sol.

O novo dia se instaura e o encanto se acaba. O cotidiano é retomado, com toda sua pressa, seus barulhos, suas urgências. O silêncio é rompido pelo canto dos pássaros, pelas buzinas dos carros, pelos entregadores de encomendas, pelas conversas da vizinhança.

Ao ouvir um espreguiçar vindo de dentro da casa, primeiro sinal de que a rotina vai voltar a funcionar, ela se recolhe na penumbra do quarto, antes que a luz da manhã invada o cômodo e a desperte da magia que acabou de presenciar.

caderno três

POR UM DIÁRIO QUE MANIFESTE OS NOSSOS SONHOS

mensagem

Caro(a) leitor(a).

Quando abro um caderno novo, cheio de páginas em branco, sinto como se eu fosse um barquinho navegando por mares desconhecidos. Vislumbro novos horizontes, me aventuro, mergulho em mim mesma. É como se eu pudesse sempre recomeçar, me revisitar, me redescobrir por meio da escrita.

O exercício de elaborarmos por meio das palavras o que se passa dentro de nós é uma prática de autoinvestigação, que exige constante lapidação. Uma busca por momentos de solitude. São brechas que criamos no cotidiano, espaços de respiro, onde podemos nos desnudar, acolhendo com carinho o que for surgindo.

Ao cultivarmos o hábito da escrita dos nossos diários podemos nos ressignificar. Nessa jornada interior, nem sempre o que descobrimos nos agrada. Ao entrarmos em contato com nossos sentimentos, vivenciamos diversas sensações e emoções.

Quando olhamos para lugares que estavam escondidos, algum tipo de desconforto, angústia ou incômodo pode se manifestar. Conforme vamos nos despindo das máscaras que usamos e das histórias que criamos para nós mesmos, abandonando a ideia de que são identidades fixas e verdades absolutas, outras camadas podem desabrochar.

Se conseguirmos deixar os julgamentos de lado e nos permitirmos apenas sentir, seja o que for, suportando essa caixinha de Pandora que somos, trazendo para a luz aspectos desconhecidos, uma força poderosa será conquistada.

Chamo de força a capacidade de sermos e estarmos vulneráveis na nossa própria presença, abraçando o que é frágil e delicado em nós. Com ânimo, persistência e paciência, aos poucos vamos ganhando repertório para lidarmos com o que vai se revelando.

Meu conselho é que você apenas comece a escrever, sem grandes pretensões. O trajeto se ilumina durante o percurso. Não existe receita pronta. É preciso ter fôlego, ousadia e curiosidade para adentrar novas paragens.

Em algum momento, ao abrir o seu diário, você verá que cada palavra é como um fiozinho: vai se desenrolando, crescendo, e nessa tessitura, virando um enredo.

Este espaço é um convite para você buscar a sua voz. A escrita de si é um processo íntimo e contínuo. Desejo que, no próprio fazer, uma fonte de prazer e realização pessoal seja encontrada. Confie no processo, algumas descobertas podem te surpreender positivamente!

Deixo aqui um poema para te inspirar nessa jornada rumo a você mesmo(a):

Costura o tempo
desfaz o que não cabe mais dentro.
Costura seus retalhos,
o que ficou em pedaços.
Refaz sua concha.
Tece suas memórias.

Já é hora de criar novos finais
para suas histórias.

www.laranjaoriginal.com.br

Edição Filipe Moreau
Projeto gráfico Marcelo Girard
Desenhos e fotografias Emanuella Coelho Soares
Produção executiva Bruna Lima
Diagramação IMG3

Dados Internacionais de Catalogação na Publicação (CIP)
(Câmara Brasileira do Livro, SP, Brasil)

Soares, Emanuella Coelho
Diário de si / Emanuella Coelho Soares : [ilustrações da autora]. – 1. ed. – São Paulo : Editora Laranja Original, 2024.

ISBN 978-85-92875-78-7

1. Poesia brasileira I. Título.

24-218499 CDD-B869.1

Índices para catálogo sistemático:
1. Poesia : Literatura brasileira B869.1
Eliane de Freitas Leite - Bibliotecária - CRB 8/8415

Laranja Original Editora e Produtora Eireli
Rua Isabel de Castela, 126
05445-010 São Paulo SP
contato@laranjaoriginal.com.br

Fontes Letter Gothic e PT Mono • *Papel* Pólen Bold 90 g/m² •
Impressão Psi7/Book7 • Tiragem 100 exemplares